# Produtividade Digital

## 25 Passos para Eliminar a Procrastinação, Criar Hábitos Produtivos e Alavancar seus Resultados

*Rogerio Job*

ISBN: 978-85-918434-3-5

## Aviso Legal

# Sumário

# Introdução

## Parece que seu tempo foi roubado?

Se você trabalha muitas horas em frente ao computador talvez já tenha se perguntado isto ou tido esta sensação.

Ou talvez já tenha se questionado: "Fiquei o dia inteiro trabalhando no computador e não fiz nem metade do que eu deveria ter feito. Como deixei isto acontecer?"

Ou talvez você esteja atrasado em algum projeto neste exato momento.

Saiba que você não está sozinho. Seja por se distrair acidentalmente ao pesquisar algum assunto relacionado ao trabalho ou seja por causa das redes sociais, qualquer pessoa está sujeita à queda de produtividade

Graças ao acesso fácil às tecnologias de comunicação, não só você pode se comunicar com qualquer pessoa durante o seu trabalho como qualquer pessoa pode se comunicar com você.

Isto pode se tornar um grande problema quando você está verificando seus e-mails ou rede social e recebe uma solicitação de alguém que não estava nos seus planos, e esta pessoa pode ser até mesmo um amigo ou parente que não tem relação alguma com seu trabalho.

Aqueles 3 minutinhos que você gastou respondendo esta pessoa, irão tirar seu foco do que estava fazendo.

E segundo um estudo da Universidade da Califórnia, EUA, quando uma pessoa interrompe ou é interrompida de suas atividades, pode levar até 25 minutos para voltar ao mesmo grau de atenção em que se encontrava antes da interrupção.

Com tantos desafios, é comum termos a impressão de estarmos trabalhando quando na verdade estamos nos distraindo de pesquisas reais ou apenas socializando sem um objetivo profissional e concreto.

Agora vamos considerar que, em uma estimativa conservadora, você perca uma hora por dia em frente ao computador.

Supondo que você trabalha cinco dias por semana, seriam 20 horas por mês, 260 horas por ano. Seriam praticamente 10 dias por ano desperdiçados.

O que você faria se tivesse 10 dias a mais sobrando na sua vida? O que você faria com 10 dias em que o seu trabalho já está feito e você pode usar como desejar?

Iniciaria um projeto que tem adiado por falta de tempo? Colocaria em prática uma estratégia de marketing que aumentaria os lucros do seu negócio? Ou simplesmente viajaria para algum lugar maravilhoso para curtir a vida e recarregar suas energias?

Com certeza todas as opções são excelentes!

E é sobre recuperar este tempo perdido que irei falar neste livro.

Quando falo em produtividade, não estou falando em se trabalhar mais e sim em conseguir mais resultados em menos tempo.

Produtividade significa justamente trabalhar menos tempo produzindo muito mais.

Isto significa não só uma maior lucratividade para seu negócio mas uma melhora fantástica em sua qualidade de vida.

Agora, uma coisa importante para você saber é que esta melhora de produtividade não virá apenas com força de vontade e motivação.

Força de vontade e motivação são fatores inconstantes.

Você pode começar o dia cheio de motivação e vontade de colocar suas ideias em prática. Entretanto, muita coisa pode acontecer em seu dia; você pode ter contratempos e dificuldades, sentir cansaço ou fadiga, então você chega ao final do dia com outra mentalidade, sem tempo e nem energia para realizar tudo que havia planejado.

Nossa força de vontade, energia e motivação são voláteis, mudam conforme o dia passa. Então podemos dizer que se a sua produtividade depender da sua motivação, ela também será volátil.

O que você precisa de verdade para ser produtivo diariamente é desenvolver novos hábitos. São eles que sustentarão o seu desafio de se tornar uma pessoa produtiva.

E agora irei falar sobre a segunda razão muito forte para você confiar mais nos seus hábitos do que em sua força de vontade ou motivação.

Ao desenvolver um hábito produtivo, ele passa a fazer parte de você. É como o hábito de escovar os dentes ou de tomar banho. Quando você era criança talvez tenha se esforçado um pouco para aprender e manter estes hábitos, especialmente quando você podia estar brincando, jogando bola ou videogame. Mas hoje você não precisa de muita força de vontade para escovar os dentes e tomar banho.

Independente de você estar motivado, com alto nível de energia ou força de vontade, quando uma tarefa se torna um hábito, você a realiza inconscientemente, com muita facilidade e fluidez.

E não se assuste quando pensar em "novos hábitos" pois na verdade não se trata de adicionar coisas novas em sua vida (eu sei o quanto você já é uma pessoa ocupada) e sim em substituir hábitos velhos e pouco produtivos, por hábitos novos e produtivos.

Claro, você continuará tendo desafios e até contratempos, mas você terá muito mais habilidade para lidar com eles, pois tempo e produtividade nunca mais serão seu maior problema.

Pronto para ser mais produtivo, ganhar mais competividade, ter mais lucratividade e mais qualidade de vida?

Então vamos em frente!

*Rogerio Job*

# Quem sou eu?

Se você ainda não me conhece, é natural que deseje saber quem sou eu e por que estou apto a ensinar algo sobre produtividade a você.

Meu nome é Rogerio Job, sou investidor, empreendedor digital e autor de livros de autodesenvolvimento. Tenho muitos projetos nestas três áreas e isto me motivou a estudar e praticar tudo que se relaciona a hábitos produtivos, alavancagem e automatização.

Comecei meus primeiros negócios na internet em 1997 e desde então comandei os mais variados tipos de negócios, sendo a maioria digital.

Ajudei milhares de empreendedores com meus cursos e consultorias e sou um dos coautores do livro **Negócios Digitais**.

Dar cursos e consultorias é uma das minhas paixões, entretanto, consomem meu ativo mais precioso, o meu tempo - pelo qual eu tenho que cobrar um preço justo e que não está ao alcance de todos.

Todavia eu sempre quis tornar meu trabalho acessível a um número maior de pessoas, e por esta razão decidi colocar minha experiência no formato de livros, como este que você está lendo.

Seguindo as minhas orientações você terá os mesmos resultados dos clientes que eventualmente pagaram até 30 mil reais por cursos e consultorias, com a vantagem de não ter que investir todo este dinheiro.

Tudo que você precisa é estar comprometido em colocar em prática o que irei ensinar.

Agora, não se assuste com o termo "colocar em prática". Eu tenho três coisas importantes a dizer sobre isto:

(1º). Os hábitos e práticas que ensino neste livro são muito simples de colocar em prática;

(2º). Você não precisa necessariamente colocar os 25 hábitos em prática de uma só vez. Você pode escolher apenas os que mais possam beneficiá-lo.

(3º) E, finalmente, você não precisa terminar este livro para transformar os ensinamentos em ação. Algumas ações são tão simples que você desejará colocar em prática no mesmo dia.

Antes mesmo do final deste livro você já estará eliminando a procrastinação, criando hábitos produtivos e alavancando sua produtividade.

Como eu sempre digo, produtividade não significa trabalhar mais, e sim justamente o contrário:

Trabalhar menos tempo e ter mais resultados.

E isto resultará não só em uma maior lucratividade para o seu negócio como também em uma maior qualidade de vida.

Vamos começar esta nova jornada?

Então venha comigo!

**Rogerio Job**

# Parte I: Desmascarando e derrotando os "ladrões de tempo" da era digital

## Passo #1: Nunca Use Estes Aplicativos: Menos É Mais

Nos últimos anos temos visto um grande crescimento na oferta de aplicativos.

Embora milhares deles sejam designados a nos ajudar sermos produtivos, inclusive nas principais lojas há uma categoria chamada "Produtividade", a grande verdade é que os aplicativos podem justamente nos levar ao oposto, ou seja, a gastarmos nosso tempo sendo improdutivos.

Quem é que nunca perdeu alguns minutos ou até mesmo horas configurando algum aplicativo que no fim das contas se mostrou inútil ou "caiu em desuso" com o tempo?

Depois de muito estudar a relação entre aplicativos e produtividade, optei por ser minimalista ao extremo. Instalo e uso apenas os aplicativos que detecto como essenciais.

Atualmente, meu critério para instalar qualquer aplicativo em meu iPad, iPhone ou computador é muito rígido e consiste em responder "sim" para estas três perguntas:

(1). Este aplicativo aumentará minha produtividade?

(2). Existem livros ou cursos específicos sobre este aplicativo?

(3). Este aplicativo sincroniza facilmente meus dados com outros computadores e dispositivos?

O porquê da pergunta 1 é muito simples. Vamos a um exemplo: o aplicativo Facebook Messenger aumentaria minha produtividade? A resposta é um claro e sonoro "não".

Eu me conheço e sei que uma coisa leva a outra, você começa vendo uma mensagem particular, acaba clicando em uma notificação de uma postagem interessante e daqui a pouco está perdido no feed de notícias vendo um monte de coisas sem importância.

Agora, o porquê da pergunta 2 já é um pouco mais específico.

Quando um aplicativo é suportado por livros ou cursos, é um claro sinal de que o aplicativo faz a diferença na vida das pessoas, caso contrário ninguém se daria ao trabalho de escrever um livro ou criar um curso.

Um exemplo de aplicativo suportado por livros e cursos é o **Evernote**. Outro seria o **Trello**. Não por acaso eu utilizo os dois há anos, pois eles me ajudam a ser mais produtivo. E neste meio tempo desinstalei um monte de aplicativos que não se mostraram úteis ou práticos.

Existem dezenas, se não centenas de livros sobre Evernote e Trello em livrarias como a Amazon, assim como cursos sobre estes aplicativos em plataformas como a Udemy.

Quanto à pergunta 3, a sincronização entre dispositivos é fundamental. Desde que meus dados são sincronizados em todos os meus dispositivos, eu não preciso sentar em frente ao computador para consultar ou criar a minha lista de tarefas, por exemplo, basta estar com meu smartphone e abrir o Trello. Se eu estiver fazendo ginástica e tiver uma ideia para colocar no meu livro, não preciso anotar no bloco de notas do smartphone para depois chegar em casa e passar para o computador, basta anotar no Evernote e continuar me exercitando, pois sei que a anotação estará sincronizada e acessível tanto no meu smartphone, quanto no meu computador.

Você pode estar me achando radical com este teste das três perguntas, mas acredite: a maioria dos aplicativos lançados no mercado não irão durar muito. E por isto mesmo nem viram tópicos de livros ou cursos.

Recapitulando as três perguntas que você deve fazer antes de instalar um aplicativo:

**(1)**. Este aplicativo aumentará minha produtividade?

**(2)**. Existem livros ou cursos específicos sobre este aplicativo?

**(3)**. Este aplicativo sincroniza facilmente meus dados com outros computadores e dispositivos?

Se a resposta for "não", simplesmente não perca tempo com eles.

## Passo #2: Como Lidar com Seus E-Mails de Maneira Eficiente

Eis aqui dois lugares perfeitos para você perder tempo.

Vou começar falando sobre os e-mails...

Já aconteceu alguma vez de você estar aguardando uma mensagem importante, abrir seu e-mail somente por causa dela e perceber que você está abrindo e lendo e-mail após e-mail só por curiosidade, mesmo sabendo que a maioria não tem a menor importância?

Até mesmo os mais disciplinados dos mortais se perdem uma vez ou outra em sua Caixa de Entrada.

Após de ler muitos autores como Brendon Burchard e Tim Ferris, entre outros, falarem sobre as armadilhas do e-mail, eu decidi abrir meu programa de e-mails no máximo duas vezes por dia, em horários predeterminados e com prazo limitado de tempo.

Na parte da manhã procuro ser o mais produtivo possível então verifico, leio e respondo meus e-mails por volta das 14 horas e consumo de 3 a 10 minutos nesta tarefa. Particularmente gosto de ter uma janela de tempo flexível mas com este limite de 10 minutos.

Configurei minha mente para trabalhar com meus e-mails nestes 10 minutos baseado no conceito da "Lei de Parkinson", que diz: "O trabalho expande-se de modo a preencher o tempo disponível para sua realização."

Explicando de forma rápida, se você tiver uma tarefa que demoraria 30 minutos para fazer mas você tiver quatro horas para fazê-la, você provavelmente irá levar quatro horas para fazê-la.

O mesmo acontece com eventos diversos como comprar presentes de Natal, do dia das Mães, etc. Note que, embora as pessoas tenham o ano todo para comprar presentes, uma grande porcentagem costuma deixar as compras para última hora.

Isto significa que, quanto mais tempo temos disponível para uma tarefa, mais tempo demoramos para completá-la.

Bom, eu dei uma grande resumida na "Lei de Parkinson", que você poderá pesquisar se houver interesse em se aprofundar, mas creio que você já entendeu por que eu limito meu tempo de ler e responder e-mails em no máximo 10 minutos.

Mesmo nas raras vezes em que não consigo dar conta desta tarefa, eu não me preocupo muito, pois no final da tarde, depois das 18 horas, verifico novamente os e-mails e geralmente termino meu trabalho.

O que causa a maior perda de tempo e procrastinação geralmente não são os e-mails relacionados ao trabalho, e sim os que fogem desta categoria.

Refiro-me a mensagens como newsletters e boletins relacionados ao seu nicho de mercado ou carreira, ofertas, notificações de aplicativos, etc. Estes sim roubam o tempo de qualquer pessoa.

E como fazer com aqueles e-mails urgentes e importantes?

Bom, se forem realmente urgentes e importantes, você pode configurar algum aplicativo ou serviço para receber notificações via SMS quando receber a mensagem de um remetente específico, assim quando você recebe o SMS no seu smartphone poderá abrir o programa de e-mail e tomar as providências necessárias. Eu utilizo o serviço **IFTTT**, onde configuro um comando para o serviço me enviar uma notificação via SMS quando receber uma mensagem de determinados endereços de e-mail.

Na maioria das vezes não existe urgência para se responder e-mails. Se você tem compromissos muito importantes com um cliente, sócio ou parceiro, geralmente a outra parte envolvida tem seu telefone e irá ligar ou deixar um recado na caixa postal do seu telefone.

Passe menos tempo lendo e respondendo e-mails e você verá o quanto de tempo terá a mais para tarefas importantes e realmente produtivas.

22

# Passo #3: Parando de Perder Tempo nas Redes Sociais

É aqui que perdemos grande parte do nosso tempo e entramos de corpo e alma na procrastinação: usando as redes sociais.

Vamos falar da mais popular e usada no momento em que escrevo este livro, o Facebook. Ele praticamente nos obrigou a misturar vida profissional, social, diversão, relacionamentos e muito mais. Agora tudo está em um lugar só.

Não raramente temos aquela situação em que você está fazendo network e de repente vê a notificação de uma mensagem da sua tia. Você pensa ser algo urgente e dá uma olhada na mensagem.

Felizmente está tudo bem, a sua tia só queria dar um alô. Então você gentilmente responde achando que vai ficar tudo bem.

O que você não previu é que agora a sua tia quer bater papo com você. O problema é que, enquanto você tenta ser legal com ela – deixando seu trabalho de lado - começam a surgir mais e mais notificações de postagens, curtidas e eventos no seu Facebook.

Depois de uns 15 minutos de conversa, você se despede da sua tia e imagina: "não custa nada eu terminar de verificar tudo por aqui, são só mais alguns minutinhos".

Quando você percebe passaram-se 40 minutos e, claro, você se sente mal por ter gasto tanto tempo na rede social.

Quem nunca passou por situação semelhante?

Agora vamos a algumas práticas que irão ajudar você a eliminar este tipo de situação no seu dia a dia:

## (1). Estabeleça um horário para acessar o Facebook

Assim como e-mails, você precisa estabelecer um horário predeterminado com um limite de tempo. Um máximo de 10 minutos no final da tarde é suficiente para mim. Se para você for pouco, estabeleça um limite de 15 minutos, ou o tempo que precisar, em um horário do dia adequado para você. O importante é nunca acessar fora do horário predeterminado e não gastar mais tempo do que o previsto.

## (2). Respostas de mensagens

Não se sinta obrigado a responder todas as mensagens. Amigos que estão fora do seu círculo profissional, por exemplo, sabem que você está trabalhando – ou deveriam saber - então não há motivo para pressa. O mesmo vale para outros tipos de contatos que não são prioridade para você.

## (3). Chat do Facebook

Jamais deixe o chat do Facebook aberto. Se precisar conversar com alguém, marque uma hora no Skype, será mais produtivo. Além disto, no Facebook pode ter aquele amigo, amiga ou parente que está "de bobeira", sem nada para fazer e, ao ver o chat aberto, imagina que você também está. O resultado disto pode te custar um tempo precioso, portanto é melhor prevenir deixando o chat sempre fechado.

## (4). Aplicativo em smartphone

Não importa o quanto o Facebook incentive você a instalar o tal Messenger, resista! Conheço até profissionais de Facebook Marketing que trabalham sem eles e preferem trabalhar assim. Se profissionais do Facebook Marketing não precisam, você certamente não precisará.

## (5). Notificações

Como você sabe, o Facebook notifica sobre todas as pessoas ou páginas que você segue. Minimize ao máximo o número de pessoas ou páginas seguidas.

Particularmente, deixei de seguir páginas e sigo apenas algumas pessoas com as quais tenho mais contato pessoal ou profissional. Não faz sentido seguir todas as páginas relacionadas ao seu mercado ou seguir uma centena de amigos, especialmente os que você não conhece de verdade.

## (6). Notificações via e-mail

Configure seu Facebook para não enviar notificações via e-mail. Se você for notificado via e-mail a cada mensagem, cairá em uma dupla armadilha. Será tentado a abrir a mensagem de e-mail para ver do que se trata e a abrir o Facebook para ler a mensagem completa.

## (7). Feed de Notícias

Quem nunca se perdeu no feed de notícias do Facebook? Aliás, não sei por que se chama feed de notícias.

Quando percebi que eu sempre caía na armadilha de ficar olhando o feed de notícias, passei a acessar a rede através de um atalho no navegador que ia direto para a minha página pessoal.

Atualmente utilizo uma extensão no navegador Chrome que simplesmente bloqueia o feed de notícias. Esta extensão se chama **News Feed Eradicator for Facebook** e atualmente mostra uma frase do dia ao invés do feed. Nunca mais caio na tentação de ficar olhando publicações de fã pages ou procrastinar vendo a vida alheia de pessoas que eu nem conheço.

Estas são as minhas recomendações para você eliminar a procrastinação no Facebook e aproveitar melhor seu tempo sendo produtivo em áreas importantes.

## Passo #4: Uma Dieta Fácil e que Te Deixa Muito Mais Motivado e Produtivo: A "Dieta de Informação"

Talvez você já tenha lido sobre esta dieta no livro "Trabalhe 4 Horas por Semana", do Tim Ferris, mas irei passar para você a minha versão.

Há certos tipos de informações nas quais é crucial nos mantermos atualizados, todavia há outras nas quais nos mantermos atualizados não irá ajudar em nada.

Por exemplo, os noticiários diários da TV.

No que irá te ajudar saber que um banco, lá em uma pequena cidade que você nunca ouviu falar, foi assaltado e os ladrões levaram 50 mil reais?

Ou saber sobre os mais "importantes" homicídios e tragédias do dia?

Além de serem informações negativas, que irão alimentar seu subconsciente com negatividade, são informações inúteis, como a maioria das informações dos noticiários. Não te ajudarão em nada.

Por isto, há muitos anos evito ver noticiários da TV. É a minha dieta de informação favorita. As únicas informações que me são úteis, como investidor, são as informações do mercado financeiro. Mas neste caso felizmente tenho melhores fontes do que os noticiários.

Em uma dieta você simplesmente evita certos alimentos prejudiciais ao seu objetivo em prol de outros alimentos que o ajudam a alcançá-lo.

E com informação não é diferente. Alimente-se apenas com as informações que poderão fazer a diferença.

A mesma dieta se aplica a newsletters e publicações via e-mail.

Se não for fundamental ao seu negócio, simplesmente clique no link de descadastramento e cancele sua subscrição.

Em um mundo com informação em excesso, as pessoas estão cada vez mais sobrecarregadas, perdendo muito foco e produtividade.

E para combater um excesso, nada melhor que uma boa dieta.

## Passo #5: Como Começar Seu Dia de Maneira Produtiva

Comece o dia longe do computador.

Longe do computador? Como assim? Eu preciso dele para trabalhar.

Pois é isto mesmo que você deve fazer para começar um dia produtivo.

Claro, o computador é uma ferramenta de trabalho essencial, entretanto, você precisa saber exatamente o que fará quando sentar em frente dele.

Mesmo que você tenha planejado suas ações e tarefas no dia anterior (falarei sobre isto mais adiante), você precisa ter em mãos sua "lista de tarefas" especificando as principais ações do dia, e especialmente a primeira tarefa que fará ao ligar o computador de manhã.

Esta lista precisa estar fora do computador, pois, acredite, se esta lista estiver dentro do computador, muitos imprevistos irão acontecer e tirar seu foco das atividades que você se comprometeu a fazer no início do dia.

O computador é uma ferramenta fantástica mas também um grande campo de distrações.

A verdade é que quando inicia sua jornada de trabalho de manhã, você dificilmente se lembra 100% da primeira tarefa a ser realizada no dia – e que você anotou em sua lista de tarefas. E mesmo que você se lembre, é natural você ligar o computador e se envolver em outras tarefas.

Isto pode acontecer pelas mais variadas razões: lembretes na tela, atualização de softwares, notificações do Skype ou até mesmo o simples fato de ver o ícone de algum programa no desktop e se lembrar de algo que você deseja verificar dentro dele.

E para evitar estas distrações eu recomendo que você escolha uma destas duas ferramentas poderosas:

(1). Um caderno com uma "lista de afazeres".

(2). Um aplicativo como o Evernote ou Trello.

Um simples caderno pode poupar horas do seu tempo. Contudo, se você é como eu e prefere usar a tecnologia, um simples aplicativo como o Trello irá funcionar muito bem.

Mais adiante entrarei em detalhes, mas basicamente me organizo desta forma:

Na noite anterior abro meu iPad ou smartphone, clico no aplicativo Trello e organizo a minha checklist de trabalho para o dia seguinte.

De manhã abro o iPad ou o smartphone, clico na app, vejo o que tenho de fazer. No começo do dia, com a mente descansada, geralmente tenho ideias novas para o meu trabalho, então adiciono estas ideias nas anotações das tarefas e depois, quando ligo o computador, sei exatamente no que devo focar.

A ideia é evitar ter opções a partir do momento em que ligo o computador. Quando você tem muitas opções você se sente perdido, sem saber por onde começar, como se estivesse lendo o menu de um restaurante que oferece centenas de pratos.

Das vezes que tentei usar um caderno acabei esquecendo o mesmo em algum lugar ou simplesmente o perdendo, então tenho preferência por usar um aplicativo porque minha lista de tarefas fica "nas nuvens", acessível em qualquer dispositivo, deste modo eu nunca perco nada importante.

Não importa se você usará um aplicativo ou um simples caderno. Comece sua manhã com a ferramenta que se encaixar melhor com sua personalidade e leia sua lista de tarefas antes de ligar o computador.

## Passo #6: A Maneira Simples e Infalível de Cultivar Hábitos Produtivos: Substituição de Hábitos

Este conceito eu aprendi em um curso do Dean Graziosi, autor best seller e um dos maiores especialistas em mercado imobiliário dos Estados Unidos.

O conceito é muito simples. Somos todos pessoas ocupadas, ou pelo menos nos sentimos assim.

Adquirir um novo hábito equivale a exercer uma nova atividade. Como podemos adicionar uma nova atividade em nosso cotidiano já tão atarefado?

Eu sei que você já entendeu o conceito, ou já tinha algum conhecimento dele. No entanto o conceito merece uma reflexão e aplicação mais profunda.

Antes de querer desenvolver algum "novo hábito", temos que estar dispostos a abrir mão de um "velho hábito". Só assim conseguiremos sustentar novas atividades sem nos sentirmos sobrecarregados.

Vou dar um exemplo pessoal. Quando deixei meu último emprego e passei a trabalhar em casa, logo senti a necessidade de me educar mais como empreendedor. Sendo assim, investi em dezenas de livros, cursos e materiais em áudio tais como audiocursos. Para não ficar preso ao computador também comprei um mp3 player – lembrando que estávamos em 2006.

O grande problema é que raramente eu tinha tempo e disposição para estudar todo o material que comprei.

Foi então que percebi que eu tinha desenvolvido um péssimo hábito. Eu acordava entusiasmado para trabalhar, muito feliz por estar trabalhando na minha própria casa, preparava meu café e o tomava assistindo televisão.

Embora desde aquela época eu tivesse um horário predeterminado para começar a trabalhar, não foram poucas vezes em que atrasei um pouco meu trabalho para assistir alguma reportagem interessante ou mudei minha rotina diária pois fiquei sabendo de um programa que abordaria um tema do meu interesse.

Por exemplo, lembro-me de uma vez que vi uma chamada para um programa noturno que iria exibir uma matéria sobre Paris. Eu estava superinteressado em Paris pois na época um dos meus sonhos era conhecer a cidade luz. Então à noite, no horário do programa eu liguei a televisão e assisti a todas as notícias até a hora em que passou a tal reportagem.

A matéria foi interessante, entretanto minha vida não mudou por causa dela. Três anos mais tarde eu estaria conhecendo Paris e nem me lembrava muito bem desta matéria.

Conclusão: foi uma perda completa de tempo assistir a tal reportagem.

O fato é que um mau hábito leva a outro mau hábito e assim forma-se uma cadeia de maus hábitos: eu não queria ligar a TV à noite, mas meu hábito de assistir TV de manhã me levou a assistir TV à noite. E isto se repetiu algumas vezes. Como você sabe, os canais de TV são muito hábeis em fazer com que você assista programa após programa pois eles vivem de audiência. E eu caí nesta armadilha algumas vezes.

Felizmente consegui vencer este mau hábito alguns meses depois.

O que eu fiz foi substituir o hábito de tomar café assistindo televisão pelo hábito de tomar café escutando audiocursos e gravações de teleseminários no meu velho mp3 player – mais vez lembrando que estávamos em 2006.

Note que eu não precisei investir mais horas do dia para me educar e escutar meus arquivos de mp3. Tudo que eu fiz foi fazer uma simples substituição de hábitos. E esta substituição mudou completamente minha vida, pois ao ouvir os áudios sobre autodesenvolvimento, marketing e empreendedorismo, sinto-me muito mais motivado para começar meu trabalho.

Ainda mantenho o hábito de me educar e me motivar com áudios, a diferença é que hoje tenho mais opções, deste podcast até vídeos do YouTube, passando por gravações de webinários e muito mais.

Antes de tentar adquirir um novo hábito em sua rotina, pense em algum velho hábito que não lhe serve e pode ser substituído por outro muito mais útil e produtivo.

# Parte II: Plantando bons hábitos

## Passo #7: Adquirindo (para Sempre) Um Hábito Produtivo em 30 Dias

Esta técnica eu aprendi com o grande mestre do autodesenvolvimento Steve Pavlina. A técnica se chama "Desafio dos 30 Dias".

Steve fez algumas experiências pessoais e chegou à conclusão que a melhor maneira de adquirir um novo hábito é testando este hábito por 30 dias.

Ele se baseou na ideia dos softwares trials, que você pode testar por 30 dias antes de decidir se comprará ou não.

O desafio dos 30 dias funciona da seguinte maneira: você se compromete a praticar um novo hábito por 30 dias. Se você conseguir manter o hábito por 30 dias e achar que, através dos benefícios que teve durante a prática, vale a pena continuar praticando-o, você continua praticando-o. Se você achar que não vale a pena ou se não gostar dos resultados deste novo hábito, você deixa de praticá-lo.

Funciona realmente como um teste de software. Se você gostar, fica com ele, se não gostar, "devolve". É como o famoso "teste sem compromisso".

E quando não há uma pressão, o desafico de 30 dias funciona muito bem em nível psicológico.

Confesso que quando conheci o conceito achei coisa de maluco, mas quando fiz o desafio de 30 dias pela primeira vez, comecei a achar excitante desde o primeiro dia.

Meu primeiro desafio de 30 dias foi o de escrever de 500 a 1.000 palavras por dia, 5 dias por semana, fazendo uma pausa no sábado e no domingo.

Para me comprometer mais fundo a escrever diariamente, pelo menos durante estes 30 dias, eu usei algumas técnicas para me estimular a praticar este novo hábito.

A primeira delas foi usar um aplicativo chamado **Coach.me**. O que este aplicativo faz é servir como um diário de suas ações relacionadas ao seu novo hábito. A diferença é que o aplicativo envia lembretes do seu compromisso ao final do dia. E também o parabeniza quando você pratica o seu hábito. Há uma comunidade em que você pode participar também e diversos recursos para ajudar.

Há alguns hábitos pré-configurados no aplicativo, inclusive o hábito de escrever. O que eu fiz foi configurar a quantidade de dias semanais e o aplicativo, tanto me cobrava diariamente, quanto me parabenizava. Eu configurei para que minhas ações ficassem visíveis na comunidade – você pode permanecer invisível se preferir, então algumas pessoas também me parabenizavam. Foi muito estimulante usar este aplicativo no meu primeiro desafio de 30 dias. E no momento estou usando-o novamente, mas esta é uma outra história.

Outra técnica que usei foi informar a minha esposa e meus familiares. Eu contei a todos sobre o desafio de 30 dias, assim imaginei que eles me perguntariam como estava indo e esta "cobrança light" seria um grande estímulo. E realmente foi. Especialmente por parte da minha esposa. Algumas vezes tive que escrever em horários alternativos. Costumo escrever no final da tarde mas quando surgia algum outro compromisso eu acabava escrevendo à noite. E minha esposa estava sempre lá para perguntar quando eu iria escrever.

Para você também fazer o desafio de 30 dias é muito simples, e posso resumir em 6 passos:

**(1)**. Escolha o hábito mais importante que você deseja praticar.

**(2)**. Comprometa-se a praticar este hábito por apenas 30 dias. Recomendo que programe uma ou duas pausas por semana.

**(3)**. Configure um aplicativo como o Coach.me para apoiar você neste novo hábito. Se preferir, utilize um diário ou agenda.

**(4)**. Comunique às pessoas próximas sobre o seu desafio de 30 dias.

**(5)**. Agora pratique o hábito por 30 dias. Abra mão de um antigo mau hábito para poder testar este hábito. Lembre-se, não se sinta pressionado como se tivesse que praticá-lo por toda a vida, é apenas um teste de 30 dias.

**(6)**. Após 30 dias praticando o hábito, decida se continuará ou não com ele.

Na maioria das vezes você escolherá ficar com o novo hábito, pois provavelmente ele trouxe benefícios durante seu teste e poderá agregar mais valor à sua vida e seu trabalho.

E na maioria das vezes você conseguirá manter facilmente este novo hábito em sua programação diária pois, assim como qualquer outro hábito, através da rotina ele começa a fazer parte de você, que começa a praticá-lo quase que automaticamente.

Tal como você não gosta da ideia de atualmente viver sem os hábitos de tomar banho, de escovar os dentes ou de comer determinados alimentos, muitas vezes você não gostará da ideia de viver sem o hábito que você praticou por 30 dias.

Posso dizer por experiência própria que o desafio de 30 dias é praticamente infalível.

Experimente o seu próprio desafio de 30 dias e depois me conte seus resultados.

## Passo #8: Uma Forma Eficiente de Programar Seu Dia Seguinte

Eu costumava fazer uma simples lista de tarefas na qual, à medida em que eu trabalhava, ia riscando as tarefas completadas.

Atualmente uso outro método mais eficiente, o qual explicarei mais adiante, entretanto, programar o seu dia seguinte é basicamente isto, anotar especificamente o que você pretende fazer.

Não tem muito segredo aqui, mas não substime esta programação. Ao programar o seu dia com antecedência, anotando as tarefas do dia seguinte, duas coisas importantes acontecem na sua mente.

Primeiro, você libera espaço na sua mente consciente e fica mais despreocupado.

Segundo, a sua mente subconsciente é milhares de vezes mais esperta que sua mente consciente. Desde que você esteja anotando suas tarefas, sua mente subconsciente absorverá os dados como importantes e trabalhará silenciosamente à noite com ideias e sacadas para você implementar nestas tarefas. E quando você estiver iniciando seu dia, terá uma performance muito melhor, mais criativa e produtiva.

Como eu disse anteriormente, eu utilizo um método chamado "Kanban" para criar e administrar minha lista de tarefas.

Kanban é um termo de origem japonesa e significa literalmente "cartão" ou "sinalização". É um conceito relacionado com a utilização de cartões (post-it e outros) para indicar o andamento de tarefas e projetos.

Existem várias maneiras de usar o Kanban e a minha preferida é anotar as tarefas em três colunas. Eu utilizo o Kanban no aplicativo Trello, que você pode baixar e usar gratuitamente. Mas se fosse colocar no papel, estas três colunas seriam dispostas da seguinte maneira:

**(1)**. Na primeira coluna anoto as tarefas ou projetos "a fazer".

**(2)**. Na segunda coluna anoto as tarefas "em andamento".

**(3)**. E na terceira coluna anoto as tarefas "concluídas".

Eu gosto deste método porque posso acompanhar o andamento de cada tarefa facilmente.

E gosto do aplicativo Trello porque, além de anotar as tarefas, posso colocar um horário ou data limite nelas, assim sempre busco cumprir meus prazos. Inclusive o aplicativo envia lembretes via e-mail quando os prazos terminam.

Mais importante: seja qual for seu método para programar o seu dia seguinte, nunca esqueça de programá-lo e cumprir a programação, assim você não dá chance para a desorganização e procrastinação.

## Passo #9: Focando nos 20% que Trazem 80% dos Seus Resultados

Provavelmente você já ouviu falar no princípio de Pareto ou regra 80/20 à qual o autor Tim Ferris, autor de "Trabalhe 4 horas por semana" definiu de uma forma fantástica quando o assunto é produtividade:

"80% dos seus resultados vêm de 20% dos seus esforços."

Vilfredo Pareto foi um sociólogo e economista italiano que viveu entre os séculos 18 e 19, entretanto seu princípio continua muito atual e universal.

Provavelmente você já se flagrou executando uma tarefa ou projeto e percebeu em algum momento que aquilo não traria resultados.

Pois é, isto acontece com todo o mundo, o tempo todo. Porém, podemos evitar antes que aconteça.

Dependendo de quanto o seu negócio é dinâmico, faça uma revisão das suas tarefas e projetos a cada uma, duas, três ou quatro semanas.

É um tempo em que você irá parar de executar tarefas e irá analisar os resultados obtidos e as estimativas de resultados para o futuro. Você não estará produzindo, mas estará "afiando seu machado".

Durante a revisão, selecione o que é realmente importante. Faça uma estimativa dos resultados concretos que determinadas tarefas e projetos poderão trazer para seu negócio:

"Quantas leads ou prospectos eu consigo atrair com esta estratégia de marketing?"

"Quantos clientes eu consigo fidelizar com este serviço pós-venda?"

"Quantos visitantes esta estratégia poderá trazer para meu website/blog?"

"Isso é muito arriscado ou os resultados são quase certos?"

"A curva de aprendizado para eu executar isto (seja o que for) valerá a pena ou estou apenas dando um 'tiro no escuro'?"

Se você não souber as respostas, talvez esteja perdendo tempo com tarefas que provavelmente não trarão resultados.

O que nos leva ao próximo tópico.

## Passo #10: Descarte Tarefas e Projetos Improdutivos

Se uma estratégia, técnica ou tarefa já te trouxe grandes resultados recentemente, é muito provável que você deva executá-la novamente para ter resultados semelhantes.

O mesmo pode se dizer de trabalhos que trouxeram grandes resultados para outros empreendedores e profissionais. Desde que você saiba como fazer ou, no mínimo, não precise investir muito tempo aprendendo, poderá experimentar fazer.

Entretanto se você planeja "reinventar a roda", inovar ou contar com a sorte, pense duas vezes.

Por que arriscar, fazendo uma coisa que você ou não sabe se conseguirá terminar de fazer, ou não fará bem feito, se você pode fazer algo que tem muito mais chances de dar resultados?

Priorize tarefas que você tem certeza que trarão algum resultado para seu negócio e simplesmente descarte o resto.

Lembre-se sempre do velho princípio de Pareto:

"80% dos seus resultados vêm de 20% dos seus esforços."

Um dos melhores investimentos de tempo que você pode fazer em seu negócio é encontrar os 20% onde você deve investir toda a sua energia para garantir resultados.

## Passo #11: Coloque Alguns Projetos no "Stand By"

Quando você estiver analisando quais de seus projetos e tarefas são realmente importantes, muitas vezes vai acontecer de ficar em dúvida.

Comigo acontece às vezes e eu uso uma técnica muito simples chamada "Stand By".

"Stand By" é uma expressão em inglês que significa "espera". É muita usada para denominar aquela função dos eletrodomésticos em que o aparelho permanece desligado, entretanto continua recebendo um pouco de energia e pronto para ser ligado através de um toque no controle remoto.

De fato não precisarei gastar muitas linhas para explicar pois ela funciona assim:

**(1)**. Você escolhe uma tarefa ou projeto no qual tem dúvida quanto a sua importância.

**(2)**. Configura um sistema para lembrar-se dele em determinada data, digamos um mês, por exemplo. Você pode usar a **Agenda Google** ou algum aplicativo para configurar este lembrete.

**(3)**. Você trabalha tranquilo nos projetos mais importantes, sabendo que aquela outra tarefa ou projeto está devidamente anotado em segundo plano.

**(4)**. Quando você receber o lembrete, decida se aquela tarefa ou projeto é importante, se deve ser colocada em "Stand By" novamente ou, ainda, se deve ser totalmente descartado.

Muitas vezes é difícil tomar uma decisão definitiva com relação a algum projeto e você acaba perdendo tempo com esta indecisão, então o "Stand By" o ajudará a evitar este tipo de estresse e a se concentrar no que é mais importante no curto prazo.

# Parte III: Ativando sua Produtividade Digital

## Passo #12: Uma Técnica para Turbinar o Funcionamento da Sua Mente em 5 Minutos

Um dos melhores hábitos para você começar bem o dia é a prática da meditação nas primeiras horas da manhã. E por isto irei ensinar a você um modo simples e fácil de meditar.

Talvez você ache estranho falar sobre meditação em um livro de produtividade, entretanto me sinto na obrigação de falar sobre esta prática, pois atualmente é utilizada por milhões de empreendedores, executivos e profissionais liberais de todo o mundo, que buscam ter alta performance e produtividade.

Antes de falarmos como a meditação irá ajudar você a ser mais produtivo, é importante esclarecer que não estou falando de nenhuma prática espiritualista ou religiosa e sim de uma prática para manter o equilíbrio e a paz da mente diante dos desafios de um dia de trabalho.

A meditação é o estado da mente onde você busca não pensar em nada por alguns minutos. A prática diária traz grandes benefícios sobre os quais falaremos mais adiante.

A meditação ativa o hemisfério direito do seu cérebro, que é a parte responsável pela geração de novas ideias e pela criatividade. Consequentemente o seu cérebro acessará mais facilmente as soluções e ideias que o ajudarão a ter uma performance produtiva em seu trabalho. Ao ativar o hemisfério esquerdo do seu cérebro você precisará de muito menos esforço para raciocinar, tornar-se-á naturalmente mais criativo, tomará decisões mais rapidamente e consequentemente será mais produtivo.

Além disto a meditação ajudará você a manter a sua mente calma, relaxada e aliviada do estresse no trabalho por todo o dia.

Vamos ver alguns benefícios da prática da meditação:

** A meditação alivia seu estresse no trabalho;

** A meditação deixa você com mais energia mental;

** A meditação aumenta a circulação de sangue no seu cérebro;

** A meditação melhora seu foco e sua memória;

** A meditação deixa você mais criativo;

** A meditação deixa você mais consciente do momento presente e por isto te ajuda a tomar melhores decisões;

** Depois de uma sessão de meditação você se sente recarregado.

É mais fácil meditar e adquirir o hábito da meditação praticando-a de manhã. Para a maioria das pessoas é muito difícil meditar à tarde, pois a mente começa a ficar agitada e muitas vezes tensa com as atividades do trabalho e as demandas que começam surgir.

Contudo, como a meditação é uma prática que recarrega as energias, uma boa ideia é justamente praticá-la também no meio ou no final da tarde, para se sentir recarregado, especialmente nos dias mais difíceis.

Existem vários tipos de meditação e estágios, mas você pode obter seus primeiros resultados com esta técnica simples por 5 minutos:

**(1)**. Procure um local silencioso e onde não terá interrupções;

**(2)**. Sente-se em uma posição confortável;

**(3)**. Feche seus olhos;

**(4)**. Inspire o ar lentamente pelo nariz, segure-o em seu pulmão por 2 segundos e expire pela boca;

**(5)**. Comece a respirar consciente e naturalmente, inspirando pelo nariz e expirando pela boca;

**(6)**. A intenção aqui é relaxar e pensar pouco, então se angústias ou preocupações começarem a invadir sua mente, novamente inspire o ar lentamente pelo nariz, segure-o em seu pulmão por 2 segundos e expire-o pela boca. Ao fazer isto você irá tirar de foco os seus pensamentos;

**(7)**. Repita o processo de respirar natural e conscientemente, executanto o passo 6 quando estiver "pensando demais". Faça esta atividade por 5 minutos ou por mais tempo, se desejar.

É uma técnica simples e não toma muito o seu tempo. É o suficiente para começar. Você sentirá benefícios a partir de duas semanas com esta prática.

Na meditação, como em qualquer outro exercício, a prática eleva o grau de eficiência. Assim como a ginástica, musculação ou qualquer prática esportiva, você pode aumentar o grau de eficiência da meditação aumentando o seu tempo de prática.

Depois de duas semanas, aumente o tempo para 15 minutos. E depois de mais duas semanas aumente o tempo para 30 minutos.

Além de ter dias mais produtivos, você passará a se sentir muito melhor em todas as áreas da sua vida pois, como você leu mais acima, os benefícios da meditação são muitos.

## Passo #13: Prevenindo Dores nas Costas, Pescoço, Pernas, etc...

Antes de você se sentar em frente ao computador, vamos encarar um fato: você irá trabalhar longas horas sentado e isto não é uma coisa natural e saudável para o seu corpo.

Você provavelmente já deve ter ouvido falar nos males físicos que a postura exigida para trabalhar com o computador pode trazer então não iremos entrar em detalhes, pois o assunto não é o foco deste livro.

Entretanto, sentir dores na coluna vertebral e nas pernas definitivamente não irá ajudá-lo a ser mais produtivo.

Por esta razão eu não poderia deixar de citar a importância de praticar 7 minutos de exercício físico antes de se sentar em frente ao computador.

E por que apenas 7 minutos? Simplesmente porque 7 minutos não deixarão você ansioso e nunca atrasarão seu trabalho.

Se você já pratica algum exercício físico diariamente de manhã, é claro que você não precisa seguir as recomendações desta seção.

Mas, se você pratica exercícios físicos apenas à noite, comece a adicionar 7 minutos de exercícios em sua manhã e note como esta simples mudança fará você se sentir ainda melhor durante o dia.

Apesar de eu não ser uma autoridade na área da educação física, posso dar algumas sugestões de exercícios para você começar a fazer aí mesmo perto do seu computador:

**Alongamentos**: o ideal é que você se alongue para praticar qualquer atividade física, entretanto o alongamento em si já é tão benéfico ao corpo que, não havendo a possibilidade de praticar outro exercício de manhã, você pode praticar o alongamento por 7 minutos. Se você não sabe se alongar, poderá encontrar excelentes vídeos pesquisando no Youtube por "alongamento em casa" ou "alongamento no escritório".

**Caminhada**: o mais simples de todos e traz um grande benefício às suas pernas e à sua coluna. Lembre-se, são apenas 7 minutos e por isto você não precisa de muito espaço físico. Se precisar sair de casa ou do escritório, basta caminhar por algumas quadras ou pelas ruas do seu condomínio, geralmente isto já será suficiente para os 7 minutos.

**Caminhada simulada**: se você tiver um simulador de caminhada, tudo ficará mais fácil ainda. Faça sol ou faça chuva, basta vestir uma roupa leve e calçar um tênis para usar seu simulador. Pela praticidade, atualmente é meu exercício físico preferido para a manhã.

**Esteira**: se você trabalha em casa e tem aquela esteira parada em sua residência ou na sala de ginástica do seu condomínio, esta é uma ótima oportunidade de torná-la útil sem ficar entendiado, pois são apenas 7 minutos de caminhada nela.

Existem muitas outras opções de exercícios que você pode fazer, mas vamos ficar só com estas devido à facilidade com que podem ser adicionados ao seu dia a dia.

E se você já faz algum exercício físico à tarde ou à noite, poderá adicionar 7 minutos deles em sua rotina matinal.

## Passo #14: Técnicas e Ferramentas para Nunca Cair na Armadilha de Ser Incluído na "Agenda dos Outros"

É muito importante que você não se autosabote caindo na armadilha da "agenda das outras pessoas" logo de manhã.

Estou falando sobre atender solicitações que não agregam valor imediato ao seu trabalho.

Eu cunhei este termo de um vídeo do Brendon Burchard, palestrante e autor do livro "Mensageiro Milionário" e de cursos sobre alta performance.

Nós já falamos da importância de não começar o dia verificando e-mail ou redes sociais, tendo horários adequados para isto.

E também falamos de como devemos evitar receber notificações das redes sociais por e-mail.

Agora, é certo que há aqueles dias em que não podemos evitar olhar o e-mail na parte da manhã. É justamente o que aconteceu comigo hoje, quando estava aguardando um e-mail fundamental para poder executar um trabalho importante. Todavia, relembrando o que eu disse anteriormente neste livro, você tem alternativas.

Por exemplo, nos casos de e-mails importantes você pode configurar algum aplicativo ou serviço para receber notificações via SMS quando receber a mensagem de um remetente específico, assim quando você recebe o SMS no seu smartphone, poderá abrir o programa de e-mail e tomar as providências necessárias. Eu utilizo o serviço IFTTT, onde configuro um comando para o serviço me enviar uma notificação via SMS quando receber uma mensagem de determinados endereços de e-mail.

Agora, quando você gasta seu tempo para ler e responder e-mails que não são importantes para o seu trabalho, você não só está cumprindo a "agenda das outras pessoas" como também está deixando de cumprir a sua.

Não estou dizendo que você não deva dar atenção às pessoas, mas sim que você deve fazer isto em um horário que seja conveniente para você. Geralmente as pessoas entendem que você é uma pessoa ocupada como qualquer outra e não se importarão em esperar um pouco.

No início do livro eu falei sobre determinar dois horários para ler e responder e-mails. Porém, independente do horário que você lê seus e-mails, se alguma solicitação for tomar muito do seu tempo, não responda de imediato. Simplesmente reserve um horário para dar a devida atenção.

Para lembrar posteriormente de ler ou responder e-mails importantes mas "não urgentes" eu uso um aplicativo muito útil chamado **Boomerang Gmail**. Entre diversas funções, você pode configurar ele para encaminhar qualquer mensagem para você mesmo com a diferença que você pode configurar o dia e o horário em que você deseja recebê-la novamente em sua caixa de entrada. Por exemplo, eu posso encaminhar uma mensagem para que ela entre novamente em minha caixa de entrada amanhã às 12h30. Funciona muito bem pois é como se você "voltasse no tempo" e tivesse uma segunda chance de ler ou responder algum e-mail em um momento mais conveniente.

Outro aplicativo que utilizo para controlar meus e-mails é o Followup Then, que possui algumas funções mais avançadas que o Boomerang Gmail como lembretes via SMS na versão paga.

A verdade é que provavelmente não existirá nada urgente que não possa aguardar algumas horas ou até alguns dias.

O mesmo vale para solicitações via mensagens de texto, redes sociais, caixa postal telefônica e Skype.

Siga primeiro a sua agenda, e não a agenda dos outros.

## Passo #15: Faça Primeiro As Tarefas "Mais Difíceis"

Embora eu não concorde muito com aquela famosa frase, "primeiro o trabalho, depois a diversão", tenho que admitir que nem todo o trabalho pode ser divertido.

Tem sempre aquela tarefa que você não gosta de fazer ou não tem habilidade para fazer. Nem sempre é possível delegar uma tarefa e muitas vezes você não tem outra alternativa se não "colocar a mão na massa".

O grande problema é quando estamos diante de uma tarefa muito desafiadora ou excessivamente desconfortável, tendemos a procrastinar até o último minuto.

Responda sinceramente, quantas vezes você já procrastinou e adiou uma tarefa que preferia não precisar fazer?

Pois é, nós tendemos a empurrar as tarefas mais difíceis para o final do dia de trabalho.

E quando chega o final do dia nós já não estamos tão dispostos, geralmente estamos sem a energia e motivação que seriam necessárias para fazer estas tarefas mais difíceis. Muitas vezes acabamos deixando para o dia seguinte ou, pior ainda, acabamos deixando para o último dia do prazo final para executá-la.

Nós superestimamos nossa capacidade de realizar algo meio a contragosto e muitas vezes criamos um círculo vicioso.

Confesso que às vezes isto acontece comigo até hoje. E se você está lendo este livro, provavelmente já viveu isto também.

Felizmente, na maioria das vezes, consigo prevenir este cícrulo vicioso usando a técnica simples de escrever as tarefas "mais difíceis" no topo da minha lista de tarefas. E de fato procuro executá-las prioritariamente.

De manhã me sinto muito mais energizado e determinado e geralmente acabo realizando as "tarefas difíceis" com mais desenvoltura, na medida do possível, do que se deixasse para realizá-las à tarde.

Mesmo quando a tarefa não é urgente e para os próximos dias, sempre que posso procuro colocá-las como urgência pois conheço "meus truques" de procrastinação.

Nunca superestime sua capacidade de realizar "depois", pois o "depois" pode se tornar um "amanhã" ou um "depois de amanhã", até você ficar pressionado diante do prazo final.

Encare o desafio das tarefas difíceis o mais rápido que puder.

## Passo #16: Siga Uma Rotina De Horário Predeterminada Para Suas Tarefas Diárias

Ninguém conhece você melhor do que você mesmo. E é certo que você tem suas preferências. Por esta razão eu recomendo que você se liberte de seguir uma rotina que não é a sua.

Existem tarefas que se encaixam melhor em determinadas horas do seu dia de acordo com suas preferências pessoais.

Eu tenho as minhas preferências pessoais que são:

** Gosto de escrever e-mails de conteúdo, newsletters ou artigos no meio da manhã;

** Gosto de gravar áudios e vídeos no começo da tarde;

** Fazer ou retornar ligações a partir das 15 hs;

** Escrever livros e relatórios após às 15h30 ou no final da tarde.

Mesmo que seu trabalho inclua alguma semelhança com o meu, estas preferências provavelmente não funcionarão para você.

Talvez você goste de escrever de manhã. Ou talvez prefira os primeiros raios de sol para gravar vídeos. Só você poderá definir.

O objetivo de você definir uma rotina de horário para suas tarefas diárias são dois:

**(1)**. Você adquire o hábito de realizar estas tarefas. Sua mente praticamente começa a cobrar que você as realize quando chega o horário.

**(2).** Como você sabe, todo hábito tende a se transformar em uma ação automática. O que significa que você desenvolve uma grande habilidade em realizar estas tarefas rotineiras. Não estou dizendo que você irá virar uma máquina e sim que você fará seu trabalho mais naturalmente, colocando sim sua alma e inteligência nele mas ao mesmo tempo realizando-o com menos esforço.

Foi assim que eu adquiri a habilidade de escrever de 600 a 1.600 palavras por dia. Primeiro eu transformei esta tarefa em um hábito: escrever todos os dias das 15h30 às 16h30. Depois este hábito se transformou em uma habilidade. Minha mente se habituou ao ato de escrever diariamente e hoje faço isto com muito prazer e facilidade.

A esta altura você já deve saber que é através do hábito que se fazem os mais eficientes profissionais das mais diversas áreas.

Eu diria que o "ingrediente" a mais que faz a "receita" funcionar é que eles seguem uma rotina de horário predeterminada que os obriga a se tornarem eficientes.

Quando chega determinado horário, suas mentes praticamente clamam por executar as tarefas às quais estão habituados a executar neste horário.

E isto tudo começa quando você passa a seguir uma rotina predeterminada para cada tarefa diária.

## Passo #17: Feito é Melhor que Perfeito: A Vantagem de ser Imperfeito

Talvez você já tenha ouvido aquela máxima, "feito é melhor que perfeito".

Concordo inteiramente! Perfeição nunca se alcança. Há sempre algo que pode ser melhorado.

O maior perigo do perfeccionismo é que ele é uma das portas mais poderosas para a procrastinação.

O perfeccionismo pode atrapalhar você de duas formas:

**(1)**. Você realiza um trabalho, entretanto leva muito tempo para entregá-lo, publicá-lo ou lançá-lo. Você fica editando, redesenhando, corrigindo, procurando falhas, comparando com o trabalho dos outros, aperfeiçoando, etc;

**(2)**. Você adia a realização de um trabalho porque não se sente preparado ou capaz de realizá-lo. Fica com receio de não atender expectativas ou com medo das críticas. Então você entra em um ciclo interminável de preparação e estudo. E fica um grande tempo ensaiando e só ensaiando fazer.

Se você é acometido pelo perfeccionismo em qualquer das duas formas acima, você está sim procrastinando.

Primeiro vamos falar sobre a primeira forma de perfeccionismo que leva à procrastinação.

Se você costuma atrasar um trabalho e, devido ao seu perfeccionismo, entregar em cima da hora, passe a configurar prazos finais. Mesmo se você tiver todo o tempo do mundo para realizar o trabalho, defina um prazo final e procure cumpri-lo.

De acordo com a "Lei de Parkinson" (sobre a qual falarei mais adiante), "Geralmente uma tarefa pode ser completada no espaço de tempo disponível para sua execução."

Se você se dá mais tempo, seu perfeccionismo irá levá-lo a completar o trabalho em mais tempo.

Agora vamos falar sobre a segunda forma de perfeccionismo que leva à procrastinação.

Vou dar o exemplo do que vejo acontecer muito na área de marketing digital.

Quando você diz para si mesmo: "só vou gravar um vídeo quando eu tiver uma boa presença diante da câmera". Então você faz um curso sobre gravação de vídeos e diz: "só vou gravar um vídeo quando tiver uma câmera profissional". Então você compra a câmera e diz: "preciso comprar uma iluminação profissional". E você leva semanas ou meses para começar a fazer seu trabalho. Isto quando não desiste de fazer. O pior é que em ambos os casos você perde bastante tempo, tempo este que poderia ser aproveitado de forma produtiva em outros projetos ou tarefas.

Só estou dando um exemplo, mas pode ser com qualquer coisa como, por exemplo, escrever um artigo ou um livro, começar um blog, criar um infoproduto, etc.

É claro que você nunca será competente em alguma coisa se não aprender a fazer esta coisa.

Mas qual a melhor maneira de aprender a fazer alguma coisa? Fazendo, claro!

Esta é a filosofia que você deve adotar: aprenda fazendo.

Eu tenho uma amiga que certa vez disse:

"Não é preciso ser bom para começar, é preciso começar para ser bom."

Genial esta frase! Resume tudo que você precisa lembrar quando estiver transformando o perfeccionismo em procrastinação.

Com o tempo você fará qualquer tarefa com mais qualidade, entretanto comece fazendo o que estiver ao seu alcance fazer. Com boa vontade mas sem perfeccionismo, respeitando seus prazos e limites pessoais.

Recapitulando:

Se você gasta tempo aperfeiçoando um trabalho que poderia ser feito mais rapidamente, defina um prazo final e cumpra este prazo.

E se você se prepara indefinidamente para aprender a realizar algum trabalho, adote a filosofia de aprender fazendo.

Seja imperfeito e seja mais produtivo.

# Passo #18: A Eficiência dos Blocos de Tempo

Se até mesmo algumas máquinas precisam resfriar seus motores, imagine nós, seres humanos.

É certo que nossa mente se parece com um computador, mas até mesmo este tipo de máquina precisa repousar.

Inclusive se você usa computador há algum tempo provavelmente já teve problemas relacionados à capacidade de processamento do mesmo.

Com a nossa mente não é diferente, daí a importância de trabalhar em blocos de tempo, que inclui pausas para descanso.

Há uma técnica para isto chamada **Pomodoro**, criada pelo inovador, desenvolvedor e empreendedor (como ele mesmo se define) Francesco Cirillo.

Talvez você já tenha ouvido falar desta técnica mas explicarei os passos básicos para os leitores que não a conhecem ou queiram recapitular seus passos.

Vamos supor que você pretende executar determinada tarefa em uma hora e meia.

Ao invés de você executar esta tarefa continuamente durante uma hora e meia, você a divide em blocos de tempo de 25 minutos e descansa por 5 minutos entre um bloco de tempo e outro.

Esta técnica realmente aumenta a produtividade e há milhares de teses explicando por que isto acontece.

Contudo a minha conclusão pessoal é muito simples: com esta técnica você não se cansa da tarefa (afinal, são só 25 minutos), consequentemente não perde o foco e não tem motivos para procrastinar, pois logo chegam os seus 5 minutos de descanso.

Para cronometrar os seus 25 minutos, você poderá usar ferramentas como o **Cronômetro Online** ou aplicativos se você preferir.

Você também encontrará diversos aplicativos gratuitos específicos desenvolvidos para executar a técnica Pomodoro buscando por "pomodoro" na **App Store** ou na **Google Play**.

# Passo #19: Entrando em "Estado De Fluidez"

O estado de fluidez acontece quando você está tão focado e imerso em uma atividade que nada consegue tirar sua concentração.

Vou dar um exemplo de estado de fluidez:

Quando um craque de futebol recebe uma bola no meio de campo, aos 45 minutos do segundo tempo, rapidamente corre em direção ao gol, dribla os dois zagueiros, pulando e escapando de levar uns chutes na canela, chuta no canto e corre para comemorar o gol da virada. Este cara definitivamente está em estado de fluidez.

A torcida adversária e os zagueiros podem xingá-lo, ele pode estar com as canelas machucadas, pode estar sentindo muitas dores, pode estar exausto, nada tira a concentração dele quando entra em estado de fluidez.

As crianças também costumam entrar neste estado facilmente. Se tiver a oportunidade, observe como nada as distraem de suas brincadeiras e de seu mundo imaginário.

As boas atrizes e os bons atores também entram em estado de fluidez quando estão representando. Naquele momento não existem luzes, diretores ou qualquer distração.

Os escritores precisam entrar neste estado se quiserem criar algo de valor.

Muito provavelmente você também já entrou em estado de fluidez ao praticar algum esporte, tocar um violão ou algum outro instrumento musical, ao fazer crochê, ao dançar valsa, balé ou outro ritmo ou ao executar qualquer atividade envolvente na qual quase nada conseguia tirar sua atenção.

De qualquer modo, é importante ter uma coisa em mente: o estado de fluidez vem do encontro da concentração com a experiência na atividade que você está fazendo. Não acontece de uma hora para outra.

Agora irei passar algumas instruções de como iniciar sua jornada para você alcançar o estado de fluidez.

Estas instruções são específicas para você que trabalha com o computador, então são bem diferentes das que você precisaria para jogar futebol ou dançar valsa. O computador é uma atividade solitária, pelo menos fisicamente.

Com isto em mente, antes de iniciar a atividade em seu computador, você precisa encontrar um local de trabalho onde você se sente bem à vontade. Isto é muito importante pois você vai passar um bom tempo sozinho e isolado. Certifique-se de estar em um lugar agradável e arejado. Conforto para seu corpo também é importante então se não tiver uma cadeira confortável, precisará providenciar uma.

Certifique-se também de ter ao alcance das mãos neste local tudo que você poderá eventualmente precisar usar. Canetas, papéis, cartões de memória, enfim, você precisa ter tudo ao seu alcance para não precisar sair do local de trabalho. E tenha também um copo de água para se manter hidratado.

Antes de começar a atividade em si, o primeiro passo é definir claramente a atividade a ser executada e comprometer-se a executar somente esta atividade durante um tempo. 25 minutos será um bom tempo para iniciar. Inclusive, no tocante ao tempo, você pode usar a técnica Pomodoro sobre a qual falamos anteriormente.

Agora, quando falamos em produtividade digital, o desafio pode se tornar maior porque, ao contrário de atividades como esportes ou artes, onde você interage fisicamente com o mundo e com as pessoas, quando desejamos produzir algo usando o computador temos um trabalho quase 100% mental e que exige uma concentração diferente e individual.

Não podemos ser interrompidos e convidados a participar de atividades externas como, atender ao telefone, verificar a notificação do smartphone que vibra ou verificar a notificação do Skype.

Então o segundo passo é tratar de eliminar todas as distrações tecnológicas, desligando tudo, ou seja, nada de notificações no computador ou no smartphone.

E se você trabalha em casa ou em contato com outras pessoas, informe-as antecipadamente que você não quer ser interrompido até um determinado horário ou enquanto a sua porta estiver fechada.

Agora sim! Nada pode te atrapalhar e você está pronto para entrar em estado de fluidez.

Comece a trabalhar tendo em mente que você tem 25 minutos de trabalho pela frente. Ter um tempo estimado ajuda muito pois sua mente trabalha melhor quando você sabe quando tudo vai acabar. Por mais agradável que seja uma tarefa, é natural ter uma queda de energia e motivação. Sabendo que irá trabalhar por apenas 25 minutos ajuda sua mente a não se sentir oprimida com uma quantidade de trabalho indefinida.

Faça pequenas pausas para beber água ou se acomodar na sua cadeira. Alongar os braços e as pernas também é recomendável e irá te ajudar.

Sobretudo, trabalhe os 25 minutos como se eles fossem os 25 minutos mais importantes da sua vida. E de fato eles o são. Sinta-se como o jogador de futebol que defende a seleção do seu país. Ou como o ator de hollywood que deseja ganhar o oscar. Faça sua atividade com atenção e dedicação.

Como eu disse, o estado de fluidez não é atingido de uma hora para outra pois é o encontro da concentração com a experiência.

Assim como você já entrou em estado de fluidez ao praticar algum esporte, tocar violão, dançar, etc, com a prática você entrará cada vez mais facilmente em estado de fluidez quando executar suas tarefas diárias sem interrupções e distrações.

## Passo #20: Uma Técnica que Não Dá Chance para a Procrastinação

Criar prazos finais, ou "deadlines", faz uma enorme diferença em seus resultados. Mesmo se não há um prazo final verdadeiro, a pressão do tempo empurra positivamente você a agir.

Segundo a **Lei de Parkinson**: "Geralmente uma tarefa pode ser completada no espaço de tempo disponível para sua execução."

A Lei de Parkinson foi um termo que surgiu em 1955 após o historiador Cyril Northcote Parkinson publicar um artigo no **The Economist** falando sobre seu conceito.

Parkinson disse: "O trabalho expande-se de modo a preencher o tempo disponível para sua execução."

Interessante. Isto significa que se você precisa executar uma tarefa que normalmente demoraria uma hora mas você dispõe de um dia para completá-la, você provavelmente irá demorar um dia para completá-la.

Parkinson também explica como isto acontece nesta frase: "O homem mais ocupado é o que tem mais tempo livre".

Isto significa que as pessoas procuram trabalho para si mesmas. Se o prazo para executar determinada tarefa foi muito grande, as pessoas ou caem na tentação de enrolar ou buscam o perfeccionismo (como já falamos anteriormente). Das duas formas estarão procrastinando.

Criando prazos finais você elimina esta tendência.

Como exemplo pessoal, para escrever este livro eu criei o prazo final de 3 semanas. Fiz este cálculo baseado no número de capítulos e seções que criei no rascunho, o que me leva a outro prazo final diário: planejei levar no máximo uma hora para escrever cada seção.

Aconteça o que acontecer, eu irei cumprir o prazo final, até mesmo porque tenho outros compromissos para depois destas 3 semanas.

Como estou adorando escrever, creio que não terei problemas. Entretanto se eu me der um prazo muito grande, vou querer ficar aperfeiçoando tudo. Definitivamente isto seria um desserviço para mim e para os leitores, que teriam que esperar mais por este livro.

Dei este exemplo somente para dar uma ideia de como você pode usar prazos finais para seus projetos e tarefas.

Tudo que você precisa é calcular um prazo razoável para seus projetos, baseado em suas experiências anteriores. Se o projeto for longo e requerer várias etapas, faça este cálculo baseado no tempo que levará para executar cada etapa.

## Passo #21: Compartilhe Seus Compromissos e Cumpra-os

Um pouco de "pressão social" é sempre saudável para que você faça suas atividades conforme o planejado, principalmente se esta pressão for desencadeada por você.

Estou falando, claro, sobre você compartilhar publicamente seus projetos.

Quando você compartilha seus planos em público, isto se torna uma espécie de compromisso sagrado. Tendemos a não apreciar a ideia de desistir ou procrastinar perante testemunhas.

Quando você guarda muito segredo, facilmente cai na tentação de procrastinar, adiar ou desistir.

Embora você possa compartilhar seus planos e projetos em público, nas redes sociais, por exemplo, existem alternativas para quem não deseja se expor.

Uma destas alternativas é compartilhar com pessoas próximas. Família e amigos são definitivamente uma ótima opção.

Todavia tem o caso de profissionais cujas funções não são tão compreensíveis para pessoas comuns. Empreendedores digitais, por exemplo, dificilmente conseguem explicar o que estão fazendo à sua família ou até a amigos.

Se você estiver na situação em que seu trabalho não pode ser facilmente explicado, você pode usar grupos de redes sociais direcionados à sua atividade. Ou ainda pode entrar para um grupo de Mastermind e compartilhar seus projetos com todo o grupo.

Particularmente eu prefiro compartilhar meus planos e projetos com alguns poucos amigos, que no meu caso também são colegas e entendem meu trabalho. Posso dizer que isto tem trazido excelentes resultados.

Seja qual for o modo como você escolher compartilhar seus projetos, você não só se sentirá positivamente pressionado, como também ganhará uma motivação extra quando alguém perguntar a você sobre o projeto.

## Passo #22: Meça Seus Resultados e Veja Seu Progresso

É importante que você meça seus resultados por duas razões:

Primeiro porque assim você consegue saber o que está trazendo resultados ou não. Consegue também aperfeiçoar seus métodos e aumentar seus resultados.

Bom, sei que esta não é uma razão muito sexy e atraente, mas agora vem a parte boa.

Como seres humanos, tendemos a subestimar nosso crescimento. Temos tendência a enxergar o progresso dos outros e não o nosso. É igual aquela frase, "a grama do vizinho é sempre mais verde".

Entretanto quando você mede seus resultados você se surpreende. Especialmente quando você vê "no papel" o seu progresso. Os números não mentem. Seu progresso pode ser lento, mas sempre acontece quando você faz um bom trabalho.

O fato é que nós tendemos a não enxergar o que está debaixo de nossos narizes quando vivemos uma rotina.

Por exemplo, quando você convive com uma criança, seja seu filho ou sobrinho, você não vê o quanto ela cresceu. Mas quem fica anos sem ver a criança se surpreende com o crescimento dela: "Nossa, como você cresceu?"

O fato é que quando você mede seus resultados e vê seu progresso, você começa a se sentir mais motivado, mais seguro e mais confiante de que está no caminho certo.

Um bom método para medir seus resultados é o Kanban, que particularmente uso com o aplicativo Trello. Mas você pode usar um simples caderno ou planilha do Excel.

Faça esta medição pelo menos a cada bimestre. Talvez você se espante com seu progresso em alguma área específica e também diga, "nossa, como eu cresci?"

Por fim, uma sugestão adicional que apesar de pequena pode deixar você ainda mais motivado com seus resultados: prometa recompensas a si mesmo. E cumpra sua promessa.

Por exemplo, você pode prometer que dará a você mesmo uma viagem à praia ou ao campo, assim que seu projeto estiver finalizado.

Ou então você irá jantar em um restaurante muito especial. Ou talvez você prefira ir com a família se divertir naquele parque de diversões.

Escolha a recompensa que irá te deixar mais motivado e empolgado. E faça por merecer sua recompensa.

# Parte IV: Liberando seu tempo

## Passo #23: Criando Sistemas para Economizar Tempo, Facilitar e Agilizar Seu Trabalho

Uma das melhores maneiras de aumentar sua produtividade é criando e usando sistemas.

Fique tranquilo pois não estou falando de nada que envolva programação web, software ou algo que exija conhecimento técnico.

Estou falando da simples criação de sistemas para agilizar tarefas recorrentes, tornando mecânicas certas etapas do seu trabalho.

O fato é quando você tem que raciocionar, criar ou fazer escolhas, você gasta tempo e produz menos. Agora, quando você tem um sistema, você faz algumas etapas do seu trabalho sem precisar raciocinar, criar ou fazer escolhas, então você fica em um estado muito mais produtivo.

Quando eu fui ao Mc Donald's pela primeira vez, fiquei muito admirado com o sistema de "linha de montagem" de hamburgueres. Confesso que atualmente não sou muito fã de hamburgueres, mas quando penso em sistemas o Mc Donald's é a primeira coisa que me vem a mente, talvez porque seja uma maneira fácil de compreender um sistema.

Eu não sei exatamente o tipo de trabalho que você executa com seu computador, entretanto a criação de sistemas é sempre aplicável, quer você trabalhe sozinho ou em equipe.

Vou dar alguns exemplos simples dos meus negócios, e você poderá extrair disto algumas ideias para implementar no seu negócio.

Um dos meus negócios envolve a criação de apresentações on-line. Estas apresentações são feitas a partir de slides estilo Powerpoint. Ao invés de criar cada apresentação do zero eu criei anteriormente 4 slides mestres editáveis: título, sumário, conteúdo e despedida, sendo que o sumário também uso como recapitulação antes da despedida. Crio uma apresentação muito mais rapidamente com este simples sistema.

Faço o mesmo com minhas páginas de bônus (presente digital) na internet. Criei um modelo de página uma única vez e agora simplesmente as duplico e edito o conteúdo.

Também tenho um sistema para agilizar a publicação dos meus livros, no caso um simples modelo de página do Word com uma fonte padrão configurada, bem como o tamanho das páginas para que eu possa usar o mesmo arquivo Word da versão digital como base para a versão impressa.

Costumo publicar frases de inspiração e motivação nas minhas redes sociais e criei um sistema para coletar facilmente estas frases. Criei uma nota de frases no Evernote então cada vez que me deparo com uma frase interessante eu a copio e colo nesta nota. Não importa se estou trabalhando no computador, ou lendo um livro no iPad, ou lendo um blog na sala de espera do dentista através do smartphone, em qualquer lugar e a partir de qualquer dispositivo eu posso coletar uma frase interessante para usá-la depois.

Como você pode notar por estes exemplos, criar sistemas é uma coisa simples mas que pode poupar muito do seu tempo e torná-lo mais produtivo.

Agora vamos falar sobre como criar sistemas para qualquer finalidade.

Quando penso em uma atividade que irei fazer com frequência, sempre me pergunto, qual etapa desta atividade eu posso executar sem precisar raciocionar, criar ou fazer escolhas?

Sempre encontro alguma etapa repetitiva e então crio um padrão para executá-la. Este padrão pode ser tanto uma receita ou fórmula quanto um template (modelo básico e editável).

Pense nas atividades que você executa com frequência, seja sozinho ou com sua equipe e encontre aquela etapa na qual você sempre gasta tempo raciocinando, criando ou fazendo escolhas. Analise como você pode criar um padrão de execução, receita, fórmula ou template para esta etapa da sua atividade.

É um exercício às vezes um pouco cansativo, assim como a criação do sistema em si irá tomar um pouco de tempo, mas valerá muito a pena trabalhar nisto para alavancar sua produtividade no médio e longo prazo.

## Passo #24: Você Não Precisa Fazer Tudo: Use a Tecnologia para Automatizar Tarefas Repetitivas

Seja como for o seu trabalho, há sempre algum processo que você pode automatizar.

Irei começar falando de como automatizar processos relacionados a marketing e relacionamento com clientes, subscritores e seguidores – talvez isto se aplique ao seu trabalho. Depois falarei de como automatizar tarefas e processos que fazem parte do trabalho de qualquer pessoa que utiliza o computador.

### Automatizando seu relacionamento via e-mail

Quando comecei a vender produtos digitais na internet em 1997, fiquei admirado com uma ferramenta chamada "autoresponder".

Se você trabalha com marketing digital certamente utiliza esta ferramenta, mas irei falar um pouco sobre ela para os leitores que ainda não a conhecem.

Autoresponder é basicamente uma ferramenta de e-mail marketing que envia mensagens pré-programadas para quem se subscreve em sua lista de e-mails. Você pode programar dezenas ou centenas de mensagens para serem enviadas sequenciamente como, por exemplo, uma mensagem por dia, uma mensagem a cada dois dias, etc.

Lista de e-mails são comumente usadas para promover produtos, entretanto as pessoas não irão comprar seu produto se não confiarem em você. A melhor maneira de ganhar a confiança das pessoas é mostrando que você deseja ajudá-la. E você pode fazer isto criando, por exemplo, uma série de mensagens de e-mails que ajudam a sua lista a resolver determinado problema. Nestas mensagens você pode escrever dicas, redirecionar o subscritor para um artigo do seu blog ou oferecer material gratuito como, relatórios em PDF, vídeos e áudios.

Além do autoresponder trabalhar automaticamente, você ainda pode criar e enviar mensagens "não automáticas" através dele, as chamadas "mensagens de broadcast", onde você pode promover produtos e serviços que possam interessar à sua audiência.

Mesmo se você não trabalha com marketing, provavelmente você já se cadastrou em uma lista que funciona através de autoresponder.

 A grande vantagem de utilizar um autoresponder é que todas as pessoas irão receber a mesma série de mensagens programadas. Isto beneficia muito seu negócio pois todos os seus subscritores terão a chance de conhecer você através das primeiras mensagens, que devem ser direcionadas mais ao seu relacionamento com os subscritores do que com promoção e vendas.

Só o assunto "autoreponder" daria um livro inteiro, porém acredito que você já tem compreensão do quanto esta ferramenta pode ajudar um negócio digital, em especial os que trabalham com relacionamento com subscritores e clientes como, por exemplo, blogueiros, autores, lojas on-line, plataformas web, vendas de softwares e muito mais.

## Automatizando suas redes sociais

Como você sabe, outra maneira comumente usada para fazer marketing e relacionamento na internet é utilizando as redes sociais.

Sempre tive problemas para fazer este tipo de relacionamento pois não costumo passar muito tempo nas redes sociais. Por favor não me entenda mal, eu compreendo que as redes sociais têm seu lugar e importância, entretanto, como já falei neste livro, o grande problema das redes sociais é tirar nosso foco das questões principais do nosso negócio oferecendo conteúdo que não tem a menor relevância a maior parte do tempo.

Quando surgiram as primeiras redes sociais eu fiquei completamente perdido. Ao mesmo tempo em que eu queria publicar conteúdo nas principais redes sociais, eu sentia que estava gastando muito tempo postando, vendo se o post tinha ficado bom e inclusive vendo as estatísticas do post.

Felizmente este tempo ficou para trás!

Atualmente posso automatizar todas as minhas postagens, o que reflete diretamente na minha produtividade.

E você não precisa usar muitas ferramentas para automatizar suas várias redes sociais. Dependendo das redes sociais que você utiliza, uma ferramenta só bastará.

Particularmente escolhi o Facebook como rede social principal. Também estou experimentando o Instagram.

A ferramenta que utilizo para automatizar o Facebook e o Instagram é a **Hootsuite**. Com esta ferramenta eu posso agendar os posts da semana inteira com apenas alguns minutos de trabalho semanal poupando assim muito do meu tempo.

As outras redes sociais como Linkedin e Twitter estão ligadas ao meu Facebook através de aplicativos das próprias redes, então tudo que eu programo para postar automaticamente pelo Hootsuite também é postado no Twitter e Linkedin.

Automatizar minhas redes sociais permite que eu me concentre somente nas tarefas mais produtivas durante minha rotina de trabalho.

Agora, uma recomendação que dou a todos que desejam utilizar redes sociais em seus negócios é que se concentrem em criar conteúdo para apenas uma ou duas redes sociais.

O fato é que ninguém consegue ser bom em tudo. Alguns tipos de posts funcionam melhor no Twitter, outros funcionam melhor no Facebook, alguns tipos de imagens funcionam melhor no Instagram, outras funcionam melhor no Pinterest, e por aí vai.

Busque uma ou duas redes sociais com as quais se identifique e crie conteúdo apenas para elas.

## Automatizando sua digitação

Agora vamos falar sobre os recursos que qualquer pessoa que utiliza o computador pode utilizar para automatizar tarefas.

Vamos começar com uma tarefa comum que você faz diariamente que é digitar.

Quantas vezes você já se pegou digitando repetidamente a mesma frase, a mesma sentença ou até a mesma mensagem?

Pode ser sua assinatura em um formulário web, uma resposta a uma pergunta frequente ou simplesmente preencher um formulário com seu endereço.

Se você agiu como eu no passado, certamente criou um arquivo de "mensagens predeterminadas". O grande problema com este tipo de mensagens é que, por melhor que você organize este arquivo, eles não ficam acessíveis de forma fácil no seu computador. Pelo menos não na hora em que você o liga. Normalmente você precisa abrir um aplicativo ou programa, depois abrir o arquivo, depois selecionar o texto e depois "copiar e colar".

Por muitos anos fiz isto até que conheci uma ferramenta que eu considero uma ferramenta mágica. Na época eu utilizava Windows e esta ferramenta mágica, por lá, se chama **Phrase Express**. Atualmente uso Mac e a minha ferramenta mágica é o **Text Expander**, que funciona basicamente da mesma forma.

Ambas as ferramentas fazem a mágica de colar para você qualquer texto predeterminado, sem que você precise copiar este texto.

Existem várias maneiras de fazer isto, mas, na minha opinião, a melhor maneira é criando as chamadas "hotkeys", uma combinação de teclas que faz com que o programa cole uma frase predeterminada.

Funciona da seguinte forma: vamos supor que você digite com frequência este texto informal no final de algumas mensagens de e-mail: "Qualquer coisa que precisar esteja à vontade para entrar em contato comigo por este e-mail ou pelo tel. (11) 9999-8888."

Basta você configurar no programa a hotkey "qlq", por exemplo, e o programa irá colar o texto todo para você.

Você pode criar dezenas ou centenas de hotkeys e agilizar de forma fantástica seu trabalho.

## Automatizando logins e formulários

Outra coisa que você deve automatizar são seus logins e preenchimento de formulários.

Vamos falar sobre logins em websites pois temos que fazer esta operação todos os dias; o mesmo vale para preenchimentos de formulários.

Há alguns anos atrás eu costumava guardar todas as minhas senhas em uma pasta do meu computador. E ficava louco quando não encontrava uma em particular. Geralmente eu a recuperava através de e-mail e perdia um tempo precioso.

Depois eu conheci os "gerenciadores de senha" e nunca mais tive este tipo de problema.

Gerenciadores são programas que guardam suas senhas e dados de formulários, tais como endereço, número de documentos, etc.

Caso você ainda não use um gerenciador de senhas, recomendo que dê uma olhada nestes sites e comece a usar a partir de hoje:

** Gerenciador de senhas PC e Mac: **LastPass**

** Gerenciador de senhas Mac: **1Password**

Imagine quantos minutos por dia você gasta procurando ou recuperando seus dados de login ou preenchendo formulários. Parece pouco mas, multiplique estes minutos pelos dias que você trabalha por ano. Se você não usa um gerenciador de senhas talvez esteja perdendo dias de trabalho e produtividade todo o ano.

Se este é o seu caso, invista algum tempo instalando estas ferramentas e aprendendo a usá-las. Depois use e ganhe tempo e produtividade no médio e longo prazo.

## Backups automáticos

Sei por experiência própria que uma das piores coisas que pode acontecer é você perder horas ou dias de trabalho porque o computador pifou.

Fazer backup era uma tarefa árdua anos atrás mas hoje existem várias alternativas para fazer isto automaticamente.

Se você tem uma conexão de internet lenta ou problemática, provavelmente a melhor solução é fazer o backup de forma local, usando um HD externo, cartão de memória ou qualquer dispositivo externo.

Se este é seu caso, recomendo um programa chamado **GoodSync**. Através de uma configuração que você faz, este programa sincroniza os dados do seu computador com os dados de uma pasta específica do seu HD externo ou qualquer dispositivo externo. O único problema é que a versão gratuita do GoodSync é bem limitada e você terá de comprar a versão completa. Pesquisei por uma alternativa gratuita de qualidade e não encontrei então penso que, se for o caso, vale a pena investir para garantir a segurança dos seus arquivos.

Já se você tem uma internet de alta velocidade, poderá utilizar uma ferramenta remota, que faz o backup em nuvem, ou seja, sincroniza os arquivos do seu computador com arquivos de um servidor da internet.

Um dos melhores serviços que conheço nesta área é o **JustCloud**. O preço também é bem acessível. Inclusive quando cria sua conta você recebe várias mensagens de e-mail com desconto – pelo menos foi o que aconteceu comigo. Se for utilizar, aguarde até eles oferecerem um desconto de 70%.

Se você tem arquivos leves no seu computador e possui uma internet de alta velocidade, uma opção bem simples é usar um serviço de "armazenamento em nuvem" (armazenamento em um servidor da internet).

Neste tipo de serviço você baixa um aplicativo que funcionará como uma pasta do seu computador. A mágica aqui é que os arquivos desta sua pasta local serão sincronizados com os arquivos que estão na sua pasta em nuvem, no serviço de armazenamento.

Para alguns tipos de trabalhos eu utilizo este tipo de serviço e uma das coisas que mais gosto é que os meus arquivos podem ser acessados de qualquer um dos meus computadores, o que me dá mais liberdade. Por exemplo, eu posso começar um trabalho em casa, no meu iMac, e terminá-lo em uma cafeteria, usando meu MacBook. Posso trabalhar com os mesmos arquivos a partir de qualquer dispositivo.

Existem dezenas de serviços de armazenamento em nuvem. Como se trata de uma questão que envolve a segurança dos seus arquivos, irei recomendar apenas os serviços nos quais você pode confiar 100%:

** **Dropbox**

** **OneDrive**

** **iCloud (Apple)**

## ** Google Drive

Todos os serviços acima possuem uma versão gratuita com um limite de armazenamento de dados. Entretanto se você organizar seus arquivos em 3 ou 4 "lotes", por exemplo, poderá utilizar um serviço gratuito para cada lote e assim ter sempre uma versão dos seus arquivos nas nuvens.

Uma outra opção muito prática para quem usa Mac é utilizar o recurso "Time Machine", encontrado no próprio computador. Ele mantém uma cópia de todos os arquivos e lembra como o sistema estava em determinado dia para que você possa voltar o Mac para como ele era no passado. Faz tudo isto automaticamente nos bastidores, de hora em hora, diariamente e semanalmente.

A segurança dos arquivos é fundamental e se você não faz backups, recomendo que o faça a partir de hoje.

Contudo, não faz sentido gastar tempo fazendo backups enquanto você poderia estar fazendo outras atividades, por isto eu recomendo que escolha uma das alternativas acima para o bem da sua produtividade.

## Passo #25: Conseguindo Colaboradores para o seu Projeto sem Precisar Contratar (Modo 100% Legal)

Agora vamos falar de uma maneira incrível de alavancar sua produtividade e seus negócios na era da internet.

Você já se deparou com o dilema de não saber se é melhor fazer você mesmo aquele trabalho importante – mas de caráter excepcional, ou é melhor contratar alguém para fazê-lo?

O dilema fica ainda maior quando você não sabe se a quantidade de trabalho será proporcional ao salário que você irá pagar para o seu contratado.

Felizmente existe um meio termo. Estou falando de Outsourcing.

Talvez já tenha ouvido falar neste termo que não tem tradução ou definição exata no português, então antes vamos à definição do que realmente se entende por Outsourcing quando falamos em produtividade digital.

Outsourcing é um termo em inglês muitas vezes traduzido erroneamente como "terceirização". Mas há uma grande diferença.

Terceirização é quando você contrata uma empresa para executar atividades que não fazem parte da expertise do seu negócio, ou seja, atividades "não estratégicas". A terceirização geralmente está associada a atividades rotineiras como, faxina, alimentação, transporte, etc.

Já Outsourcing geralmente se refere a atividades estratégicas, ligadas à expertise do seu negócio. É sobre este tipo de atividade que iremos falar, pois é a realidade da maioria dos empreendedores digitais, profissionais liberais e autônomos, para os quais este livro é voltado.

Atualmente existem excelentes sites onde você contrata Outsourcing, feito por profissionais autônomos e freelancers, pelo período que você desejar, seja uma semana, um dia, algumas horas ou por uma única tarefa.

Em determinadas situações será a sua salvação.

Antes de eu falar sobre estes serviços, vamos falar sobre você e o tipo de trabalho onde vale a pena fazer Outsourcing.

Se você precisa realizar algum tipo de trabalho e tem dúvidas se vale a pena contratar um serviço ou fazê-lo você mesmo, faça-se estas três perguntas:

**(1)**. Quanto vale uma hora do seu trabalho?

**(2)**. Quantas horas você levaria fazendo o trabalho de caráter excepcional de que precisa? Caso não saiba fazer perfeitamente este trabalho, leve em conta neste cálculo sua curva de aprendizado, ou seja, o tempo que gastará aprendendo.

**(3)**. Quanto custará o trabalho via Outsourcing?

Eu não sei quanto vale uma hora do seu trabalho mas digamos que seu trabalho valha 30 reais por hora. E vamos supor que você gastaria 30 horas fazendo o trabalho. Para você mesmo fazer o trabalho, deixaria de ganhar 900 reais.

Agora vamos supor que o mesmo trabalho via Outsourcing custe 300 reais.

Bingo! Você já percebeu que o Outsourcing sai muito mais barato. Na verdade 600 reais mais barato. Isto sem falar no estresse e no cansaço que você vai evitar, cuja recuperação pode roubar ainda mais do seu tempo.

Eu tenho três negócios onde faço Outsourcing em muitas das atividades estratégicas.

Vou dar alguns exemplos na área de publicação de livros, que atualmente é um negócio onde tenho poucos funcionários para me ajudar. Estes são os trabalhos onde o Outsourcing me ajuda muito:

** Revisão

** Tradução (para publicar em outros idiomas)

** Formatação (livros impressos)

** Capas dos livros (digital e impresso)

Meu objetivo é escrever livros com mais frequência, então tenho que agilizar as atividades estratégicas mas que ao mesmo tempo não têm relação direta com o processo da escrita. É o caso das atividades citadas acima.

Por outro lado não escrevo tantos livros que justifiquem pagar mais quatro salários. Por exemplo, não lanço livros todas as semanas, então não faz sentido contratar um revisor para trabalhar apenas 5 dias por mês. O Outsourcing se encaixa perfeitamente aqui.

O mesmo acontece com o caso das capas dos livros e demais serviços.

Uma coisa interessante é que os dois lados saem ganhando, tanto eu quanto a pessoa contratada.

Por exemplo, um bom designer de capas de livro consegue criar uma capa em cerca de 3 horas. E eu pago a este tipo de designer um valor de 3 a 10 vezes maior do que um designer ganharia por estas 3 horas trabalhando em uma empresa. Eu ganho, ele ganha, todo mundo sai ganhando e feliz.

Agora vamos a alguns serviços onde você encontra e contrata profissionais qualificados através de Outsourcing:

## GetNinjas.com.br

Plataforma brasileira que funciona da seguinte maneira: através de formulários interativos você diz o tipo de serviço que deseja. Por exemplo, você quer um vídeo de animação com narração falando sobre o seu produto ou empresa? O site contata até 7 profissionais que passam a você seus respectivos orçamentos. Você compara os orçamentos e as avaliações que os profissionais receberam no site e então contrata o profissional com o melhor perfil.

## NearJob.com.br

Plataforma brasileira cujo lema é: "Contrate Freelancers. Obtenha e pague por Resultados". Você faz uma busca por perfil, verifica o preço cobrado por hora e as qualificações que o profissional recebeu na plataforma. Você convida o profissional a participar do seu projeto e o acompanha através da plataforma.

## Workana.com.br

Plataforma brasileira onde você publica o seu projeto e recebe propostas dos profissionais. Você seleciona a melhor proposta e através da plataforma contrata e acompanha o trabalho do profissional durante a realização do seu projeto.

## Fiverr.com

Como o próprio nome sugere, você encontra os mais variados serviços a partir de 5 dólares. Há profissionais do mundo inteiro, inclusive brasileiros, à sua disposição. Os serviços estão divididos em categorias como, gráficos e design, marketing on-line, escrita e tradução, vídeo e animação, música e áudio, programação, publicidade e muito mais.

Agora, pense nas atividades estratégicas que estão roubando suas horas. Ao invés de você estar fazendo estas atividades, você poderia estar fazendo outras atividades onde sua presença é mais produtiva?

Pense com atenção sobre todas as atividades que exerce no seu negócio e descubra as atividades que pode alavancar com o uso do Outsourcing através dos sites acima.

# Conclusão

Primeiro eu gostaria de parabenizar você por ter chegado até aqui.

Não são todas as pessoas que param para analisar seus resultados e chegam à conclusão de que podem melhorá-los a partir da aquisição de hábitos e atitudes específicas. Parabéns a você!

Sinceramente estou muito feliz que eu e você compartilhamos do mesmo interesse, em nosso caso por produtividade digital.

Entretanto há uma coisa muito importante que preciso dizer a você.

Estima-se que somente 20% das pessoas que leem um livro colocam em prática alguma coisa que aprendeu nele.

Isto acontece por diversas razões, entre elas o fato de que a vida segue seu curso rapidamente. Novos acontecimentos, novos desafios, a leitura de outros livros, etc. O fato é que se passam alguns dias e esquecemos o que aprendemos. Ou deixamos este conhecimento guardado em uma "gaveta".

Eu não quero que isto aconteça com você, por isto tenho algumas recomendações a fazer.

Hoje mesmo faça anotações de hábitos e práticas que você pode implementar no seu negócio amanhã ou, no máximo, na próxima semana.

Olha só quantos passos importantes você aprendeu neste livro:

**Passo #1**: Nunca Use Estes Aplicativos: Menos É Mais

**Passo #2**: Como Lidar com Seus E-Mails de Maneira Eficiente

**Passo #3**: Parando de Perder Tempo nas Redes Sociais

**Passo #4**: Uma Dieta Fácil e que Te Deixa Muito Mais Motivado e Produtivo: A "Dieta de Informação"

**Passo #5**: Como Começar Seu Dia de Maneira Produtiva

**Passo #6**: A Maneira Simples e Infalível de Cultivar Hábitos Produtivos: Substituição de Hábitos

**Passo #7**: Adquirindo (para Sempre) Um Hábito Produtivo em 30 Dias

**Passo #8**: Uma Forma Eficiente de Programar Seu Dia Seguinte

**Passo #9**: Focando nos 20% que Trazem 80% dos Seus Resultados

**Passo #10**: Descarte Tarefas e Projetos Improdutivos

**Passo #11**: Coloque Alguns Projetos no "Stand By"

**Passo #12**: Uma Técnica para Turbinar o Funcionamento da Sua Mente em 5 Minutos

**Passo #13**: Prevenindo Dores nas Costas, Pescoço, Pernas, etc...

**Passo #14**: Técnicas e Ferramentas para Nunca Cair na Armadilha de Ser Incluído na "Agenda dos Outros"

**Passo #15**: Faça Primeiro As Tarefas "Mais Difíceis"

**Passo #16**: Siga Uma Rotina De Horário Predeterminada Para Suas Tarefas Diárias

**Passo #17**: Feito é Melhor que Perfeito: A Vantagem de ser Imperfeito

**Passo #18**: A Eficiência dos Blocos de Tempo

**Passo #19**: Entrando em "Estado De Fluidez"

**Passo #20**: Uma Técnica que Não Dá Chance para a Procrastinação

**Passo #21**: Compartilhe Seus Compromissos e Cumpra-os

**Passo #22**: Meça Seus Resultados e Veja Seu Progresso

**Passo #23**: Criando Sistemas para Economizar Tempo, Facilitar e Agilizar Seu Trabalho

**Passo #24**: Você Não Precisa Fazer Tudo: Use a Tecnologia para Automatizar Tarefas Repetitivas

**Passo #25**: Conseguindo Colaboradores para o seu Projeto sem Precisar Contratar (Modo 100% Legal)

Agora, veja bem:

Você não precisa executar todos os passos de uma vez. E de fato você não precisa executar todos os passos pois seu negócio é único e possui necessidades únicas. Você é quem vai determinar o que é mais urgente e relevante para sua própria produtividade digital.

O importante é estar consciente de que você investiu tempo para ler este livro. Então a sua produtividade digital começa por aqui: colocando em prática algo que aprendeu e fazendo valer a pena ter lido este livro.

## Muito obrigado!

Antes de me despedir, eu gostaria de agradecer a você por ter lido este livro.

Há milhares de livros que você poderia ter lido e eu fico muito honrado por você ter escolhido ler meu livro neste momento.

Muito obrigado por ler este livro até o final!

Agora eu gostaria de te pedir um favor. Será rápido e fácil para você fazer mas para mim será de grande valor.

Você poderia usar um minuto do seu tempo para avaliar este livro e deixar um comentário sobre ele na Amazon?

Este é o endereço do livro:

**www.rogeriojob.com.br/prodigital**

Seu comentário me ajudará a continuar motivado para escrever mais livros que te ajudem a obter resultados.

Muito obrigado! E até nosso próximo encontro!

*Rogerio Job*